COUR DES COMPTES.

AUDIENCE SOLENNELLE DE RENTRÉE

DU 3 NOVEMBRE 1877.

PRÉSIDENCE DE M. LE PREMIER PRÉSIDENT DE ROYER.

DISCOURS

DE M. LE PROCUREUR GÉNÉRAL PETITJEAN.

DU CONTRÔLE DE LA COUR DES COMPTES

ET DES CONSEILS DE PRÉFECTURE

SUR LES COMPTABILITÉS OCCULTES.

PARIS.

IMPRIMERIE NATIONALE.

M DCCC LXXVII.

COUR DES COMPTES.

AUDIENCE SOLENNELLE DE RENTRÉE.

3 NOVEMBRE 1877.

COUR DES COMPTES.

AUDIENCE SOLENNELLE DE RENTRÉE

DU 3 NOVEMBRE 1877.

PRÉSIDENCE DE M. LE PREMIER PRÉSIDENT DE ROYER.

DISCOURS

DE M. LE PROCUREUR GÉNÉRAL PETITJEAN,

DU CONTRÔLE DE LA COUR DES COMPTES

ET DES CONSEILS DE PRÉFECTURE

SUR LES COMPTABILITÉS OCCULTES.

PARIS.

IMPRIMERIE NATIONALE.

M DCCC LXXVII.

COUR DES COMPTES.

EXTRAIT DU PROCÈS-VERBAL

DE

L'AUDIENCE SOLENNELLE DE RENTRÉE

DU 3 NOVEMBRE 1877.

PRÉSIDENCE DE M. LE PREMIER PRÉSIDENT DE ROYER.

DISCOURS

DE M. LE PROCUREUR GÉNÉRAL PETITJEAN.

La Cour des comptes s'est réunie le samedi
3 novembre 1877, à midi, dans sa grand'cham-
bre, au Palais-Royal, sous la présidence de
M. le Premier Président de Royer, pour tenir
son audience solennelle de rentrée.

Après lecture, par le Greffier en chef, de
l'état des travaux de la Cour pendant les mois
de juillet, août, septembre et octobre, M. le

Premier Président donne la parole à M. le Procureur général Petitjean, qui prononce le discours suivant :

Monsieur le Premier Président,

Messieurs,

On se méprend souvent dans le public sur le véritable caractère de ces gestions de fonds d'une nature exceptionnelle que la loi défère au jugement de la Cour des comptes sous le nom quelquefois impropre de comptabilités occultes. Peut-être ne sera-t-il pas sans intérêt de donner ici une définition exacte de ces sortes d'affaires et d'indiquer sommairement les questions qu'elles soulèvent, ainsi que les dispositions de lois et de règlements qui leur sont applicables.

Ce n'est pas assurément pour vous, Messieurs, qu'une pareille étude pourrait avoir quelque utilité. Je n'ai pas à vous rappeler les principes généraux d'après lesquels vous statuez sur les comptabilités occultes. Il n'est pas d'affaires qui soient de votre part l'objet d'un plus sérieux examen et qui donnent

lieu dans vos chambres à des discussions plus appro-
fondies. Mais votre jurisprudence sur ces matières
n'est pas suffisamment connue, au dehors, de ceux-
là mêmes qu'elle intéresse le plus. La faire connaître,
c'est en faire apprécier l'utilité et la sagesse; c'est
montrer l'influence qu'elle est appelée à exercer sur
la gestion de la fortune publique, et c'est éclairer
en même temps les administrateurs et les comptables sur les responsabilités que peuvent encourir,
dans certains cas, et quelquefois à leur insu, les
auteurs et les complices des infractions commises.

Il faut se demander d'abord, Messieurs, ce qu'est
en réalité une comptabilité occulte, et si ce mot
exprime d'une manière juste le genre d'abus dont
nous voulons parler.

Le décret du 31 mai 1862, dans son article 25,
qui rappelle la législation antérieure sur la matière,
et notamment l'article 64 de la loi du 18 juillet
1837, contient les dispositions suivantes :

« Toute personne autre que le comptable[1] qui,

---

[1] Malgré les mots : *autre que le comptable*, les dispositions de l'article 25 seraient évidemment applicables au comptable gérant en
titre comme à toute autre personne, dans le cas où ce comptable,
en dehors de sa gestion régulière, aurait fait des opérations occultes.
La Cour des comptes a rendu plusieurs arrêts en ce sens.

sans autorisation légale, se serait ingérée dans le maniement des deniers publics, est par ce seul fait cons-
tituée comptable, sans préjudice des poursuites prévues par l'article 258 du Code pénal, comme s'étant
immiscée sans titre dans des fonctions publiques. »

Et l'article ajoute :

« Les gestions occultes sont soumises aux mêmes
juridictions et entraînent la même responsabilité
que les gestions patentes et régulièrement décrites. »

Telle est la loi, et telles sont les premières conséquences du principe qu'elle a posé. On voit par
là, Messieurs, que le législateur, en qualifiant d'occultes les comptabilités exceptionnelles qu'il voulait
soumettre au contrôle judiciaire, les a frappées indis-
tinctement d'une sorte de suspicion ou de réproba-
tion préalable, que la réalité des faits est loin cependant de justifier dans beaucoup de circonstances.

Une comptabilité occulte peut, en effet, par sa
nature délictueuse ou abusive, mériter le nom que
la loi lui assigne. Elle peut être l'œuvre d'une pensée
non avouable, plus ou moins intéressée à se dérober
au contrôle. Mais elle peut aussi n'avoir d'autre
cause que la négligence ou l'erreur. Elle peut ren-
fermer des opérations que leur auteur n'a jamais

songé à dissimuler, et qui, loin d'être blâmables en elles-mêmes, témoignent au contraire de son honnêteté et de sa bonne foi. Ces diverses sortes de comptabilités occultes seraient plus proprement appelées extraréglementaires, et c'est en effet sous cette dénomination plus exacte que les arrêts de la Cour les désignent assez souvent.

Il y a plus, Messieurs : des circonstances impérieuses, des nécessités urgentes peuvent donner lieu à ces gestions de fonds qui s'improvisent au grand jour, en dehors des prescriptions légales, et que l'administration des finances, par respect des principes et pour la forme de la procédure, a dû assimiler aux comptabilités occultes. C'est ainsi qu'en 1870 et 1871 des circulaires de la comptabilité générale ont rappelé que les opérations faites pendant la guerre pour le compte de l'État, des départements ou des communes, par toutes personnes autres que les agents en titre, devaient être soumises à l'examen de l'autorité judiciaire dans les formes prévues par l'article 25 du décret de 1862[1]. Nous n'avons pas besoin de dire que les comptabilités de cette caté-

[1] Voir notamment la circulaire du Ministre de l'intérieur du 5 octobre 1871.

gorie ne sont pas jugées par la Cour avec une grande
sévérité.

Le nom de comptabilités occultes, appliqué sans
distinction à des opérations d'une nature souvent
très-dissemblable, ne caractérise donc pas exacte-
ment ce genre d'irrégularité. Il en donne une idée
à la fois exagérée et incomplète. C'est à la juridiction
spéciale qu'appartient le soin de corriger par ses
arrêts ce que la loi peut avoir de trop absolu dans
ses termes; et le décret de 1862 lui a donné cette
latitude, en conférant au juge, «à défaut de justifications suffisantes et lorsque aucune infidélité ne se
sera révélée à la charge du comptable, le pouvoir
de suppléer par des considérations d'équité à l'in-
suffisance des justifications produites. »

Toute similitude étant ainsi écartée entre des
opérations qu'il importe de ne pas confondre, nous
n'avons plus à nous occuper, Messieurs, que des
gestions de fonds plus ou moins répréhensibles que
la loi a particulièrement désignées sous le nom
d'occultes. A quels signes peut-on les reconnaître,
et quels moyens possède la justice financière pour
réprimer un abus grave, heureusement rare de nos
jours, et dont la trace est à peine sensible dans la

masse des opérations au milieu desquelles on le
découvre, mais qui, s'il venait jamais à se propager
en dépit des mesures prises pour le combattre, aurait pour résultat inévitable de jeter le trouble dans
nos services administratifs et d'ébranler la confiance
du pays dans l'efficacité de ses contrôles financiers?

Une comptabilité occulte, Messieurs, peut se
produire de diverses manières. Sa forme la plus
usuelle et pour ainsi dire la plus élémentaire est la
création d'une caisse particulière au moyen de ressources cachées dont l'emploi échappe à tout contrôle extérieur.

A une époque déjà très-reculée, ces caisses étaient
appelées *caisses noires*, et c'est encore sous ce nom
qu'on les désigne aujourd'hui dans des documents
de comptabilité.

L'abus des caisses noires en France se rattache
aux plus mauvais jours de nos révolutions. Les abus
financiers seront toujours inséparables des désordres
et des agitations politiques. L'anarchie de 1793,
l'impuissance administrative du Directoire, les usur-
pations violentes de la Convention et du premier
Empire sur le domaine municipal [1], eurent pour ré-

[1] Décrets des 11 juin et 24 août 1793. Loi du 20 mars 1813.

sultat d'introduire dans un grand nombre de communes l'habitude de dissimuler une partie de leurs revenus pour les soustraire aux exactions du pouvoir central. Il en fut de même dans beaucoup de départements dont les finances avaient à lutter contre un système de centralisation sans limites, où les exigences croissaient avec les nécessités de la guerre. Une multitude de produits locaux appartenant aux budgets des départements et des communes furent ainsi détournés de leur affectation légale pour subvenir à l'entretien de caisses particulières qui formèrent autant de comptabilités occultes.

Un pareil état de choses ne pouvait durer. D'autres principes de gouvernement, d'autres procédés administratifs rendirent confiance à la propriété communale. La loi du 28 avril 1816, en protégeant contre toute atteinte les biens des municipalités, l'institution d'une caisse de dépôts, ouverte à tous les fonds disponibles des localités pour les mettre à l'abri des spéculations abusives, tout un ensemble de mesures d'ordre destinées à faire pénétrer la lumière dans tous les services financiers, eurent pour effet de supprimer peu à peu, dans la gestion des revenus locaux, ces habitudes de dissimulation que

des régimes de terreur ou d'oppression avaient fait
naître.

M. de Chabrol, en 1830, dans son rapport au roi
sur l'administration des finances, évaluait à quinze
millions le produit annuel de diverses valeurs que
la suppression récente d'un certain nombre de caisses
occultes venait de faire rentrer aux budgets des départements ou des communes, et même au budget
de l'État; car les caisses noires n'étaient pas seulement pour les communes un moyen de défendre
leurs revenus contre l'avidité du Trésor : elles ser-
vaient aussi quelquefois à cacher les soustractions
qui lui étaient faites. On voit par ce seul chiffre l'im-
portance de ces restitutions de fonds qui s'opéraient
alors si rapidement sous l'action combinée des contrôles administratifs et judiciaires.

Loin de se ralentir depuis 1830, la recherche
des gestions occultes est devenue de jour en jour
plus rigoureuse, et le nombre des caisses noires a
dû nécessairement diminuer de plus en plus, à me-
sure que les vrais principes de la comptabilité publique ont été mieux compris, et que leur inobser-
vation a rencontré des juges plus sévères.

Pourrions-nous dire néanmoins, Messieurs, que

3.

les caisses noires aient entièrement disparu aujour-
d'hui dans nos trente-six mille communes de France?
Les rapports de l'inspection des finances nous don-
neraient à cet égard un démenti que les arrêts de
la Cour des comptes et les jugements des conseils
de préfecture viendraient malheureusement confir-
mer. Il faut reconnaître toutefois que l'abus, dans
les localités où il persiste, présente généralement
peu de gravité. Il consiste souvent à ne pas com-
prendre dans le budget d'une commune de faibles
excédants de recette, des produits accidentels et im-
prévus, qui viennent alimenter une caisse à part,
et servent à effectuer, sous la garantie personnelle
d'un maire, d'un adjoint, d'un agent quelconque de
l'administration municipale, des dépenses minimes,
ainsi soustraites à tout examen comme à toute sanc-
tion de l'autorité supérieure.

Est-ce par ignorance ou par oubli des règles que
l'on commet ces infractions? Est-ce le vieil esprit
de résistance locale qui lutte encore contre l'ordre
établi, qui proteste contre les règlements et les circulaires, qui aime à se passer des autorisations pres-
crites et à éluder au besoin les vérifications judiciaires? Ce sont là, dans tous les cas, des pratiques

dangereuses, et dont les auteurs, souvent plus im-
prudents que coupables, assument sur eux des responsabilités qu'ils sont loin de prévoir. La loi sur les
comptabilités occultes, on ne saurait trop le redire,
contient un principe applicable à quiconque s'est
ingéré sans droit dans un maniement de deniers
publics. Que son ingérence ait été avouée ou secrète,
qu'elle ait été reconnue blâmable ou utile, peu importe au point de vue de la procédure à suivre. Par
le seul fait qu'il n'était pas le mandataire réel, légalement chargé de recevoir et de manier les fonds, la
situation qu'il a prise ou acceptée le rend responsable de ses opérations devant l'autorité qui juge les
comptes, au même titre que le serait un comptable
régulièrement institué ; et cette responsabilité, si lé-
gère qu'on la suppose, peut lui créer néanmoins des
difficultés qu'il ne devra imputer qu'à lui seul[1].

[1] Parmi les conséquences que peut entraîner un arrêt déclaratif
de comptabilité occulte, nous signalerons les suivantes :

L'hypothèque légale frappe les immeubles présents et à venir du
comptable occulte (Code civil, article 2121). Faute par lui de produire un compte dans les délais prescrits, il est passible de l'amende
de 10 à 100 francs ou de 50 à 500 francs par mois de retard (loi
du 18 juillet 1837, article 68 ; article 1556 de l'instruction générale de 1859) ; en outre, l'Administration peut faire établir le
compte *d'office* et aux frais du comptable. En cas de décès, l'obli-

Nous n'avons parlé jusqu'ici, Messieurs, que des gestions occultes qui se constituent au moyen de capitaux ou de revenus publics non portés dans les comptes, et nous avons considéré cet abus comme un reste d'anciennes habitudes locales qui ont pu se conserver exceptionnellement dans un certain nombre de communes, mais pas ailleurs. Il y a bien des années, en effet, que de pareilles irrégularités ont cessé d'exister dans l'administration du Trésor. Pour les y rencontrer, il faudrait remonter à l'époque où quelques services spéciaux, en dépit des règles modernes de centralisation financière, se prétendaient autorisés à s'administrer eux-mêmes et à vivre indépendants du budget. Les lois de finances les ont forcés depuis près d'un demi-siècle à reverser dans la bourse commune les fonds qu'ils conservaient indûment ; et s'il est arrivé, dans ces derniers temps, que la Cour des comptes ait eu à signaler dans ses

gation incombe aux héritiers. Le comptable irrégulier peut être actionné en dommages-intérêts par le comptable en titre pour l'avoir privé d'une partie des remises ou émoluments auxquels il avait droit (Code civil, article 1383). Il s'expose à ce que les dépenses portées dans son compte soient rejetées par les conseils électifs dont l'approbation devra être réclamée, et mises dès lors à sa charge (voir p. 26, en note). Enfin il peut, suivant les cas, encourir des poursuites pour faux ou détournement de deniers publics.

rapports tel ou tel service administratif comme ayant détenu temporairement des fonds qui appartenaient à l'État [1], le fait n'a pu se produire qu'accidentellement, et dans des circonstances où l'erreur était admissible. La vérification de ces caisses n'a eu d'ailleurs d'autres résultats que de démontrer l'entière bonne foi de ceux qui les avaient gérées sans contrôle.

Mais ce n'est pas seulement sous la forme de dissimulation de recettes que peuvent se produire les comptabilités occultes. Elles emploient quelquefois pour se constituer un procédé moins simple et beaucoup plus difficile à découvrir. Nous voulons parler de ces mandats fictifs dont l'objet, comme on sait, est de créer entre les mains d'un ordonnateur des ressources détournées de leur affectation régulière, pour les appliquer à des dépenses sans crédit, qu'aucun pouvoir légal n'a autorisées et qui sont volontairement soustraites à tout examen administratif ou judiciaire.

Un mandat fictif, en langage de comptabilité, est

---

[1] Caisse particulière du Ministère de la marine (arrêt du 23 août 1851). — Ministère des affaires étrangères : Indemnité de guerre payée par la Chine (arrêts des 17 mars et 26 mai 1874).

un mandat parfaitement régulier en apparence, qui est présenté à une caisse publique appuyé de justifications faussement établies, c'est-à-dire de mémoires s'appliquant à des dépenses simulées, de quittances supposées, d'attestations et de déclarations mensongères [1].

Les pièces produites étant régulières dans la forme, le payeur n'en peut refuser le payement, et l'autorité judiciaire ne pourra reconnaître la fraude, à moins d'indices particuliers ou de circonstances fortuites qui viendront la lui révéler.

En nous servant ici du mot *fraude*, Messieurs, il est bien entendu que nous ne le comprenons pas dans son sens juridique. Un détournement de crédits budgétaires destiné à dissimuler des dépenses non revêtues des autorisations légales n'est pas nécessairement un acte délictueux ou criminel. L'emploi de pièces fictives dans une comptabilité occulte ne cons-

---

[1] Voici la définition que donne des mandats fictifs la circulaire du Ministre de l'intérieur du 25 mars 1872 :

« Le procédé consiste à délivrer un mandat pour une dépense qui n'a pas été faite ou pour une dépense autre que celle qui a été faite ; il suppose un créancier imaginaire ou un créancier complaisant, qui, associant sa complicité à celle de l'ordonnateur, consent à exagérer une facture ou même à la dénaturer. »

tituerait un faux qu'autant que la substitution ou la falsification des pièces auraient été faites dans un but de profit personnel ou de préjudice à autrui.

La comptabilité occulte, dès qu'elle est criminelle ou dolosive, n'appartient plus à la juridiction financière : elle est justiciable de la loi pénale[1].

Il y a donc, si l'on veut apprécier le caractère des actes, plus d'une distinction à faire, même entre les comptabilités occultes où se révèle l'abus des pièces fictives. Elles ne sont pas toutes également répréhensibles. Ici encore il convient, pour être juste, de faire la part des circonstances.

Quoi qu'il en soit, Messieurs, au point de vue des principes de la comptabilité, les seuls dont nous ayons à nous occuper ici, l'emploi de pièces fictives dans une gestion de deniers publics sera toujours un grave désordre. Chez un ordonnateur surtout le procédé est des plus blâmables. Il a pour effet de modifier arbitrairement les crédits d'un budget. Il dénature ou il supprime les volontés d'un

---

[1] Ainsi, par exemple, le comptable en titre qui détournerait les fonds qu'il a charge d'encaisser commettrait le crime prévu et puni par les articles 169 et suivants du Code pénal. La juridiction financière n'interviendrait dans l'espèce que pour fixer le débet du comptable ; ce ne serait pas là une gestion occulte.

conseil électif. A des opérations mûrement délibérées et dont l'exécution a été confiée à sa fidélité et à sa bonne foi, l'ordonnateur substitue de son autorité privée des dépenses dont il se constitue le seul appréciateur et le seul juge, et qui, revêtues de la forme illusoire dont il les recouvre, sont destinées à n'être connues que de lui seul et de ceux qui l'ont aidé dans ses manœuvres. Parmi les abus qui peuvent se rencontrer dans la gestion des intérêts publics, il n'y en a pas assurément de plus grave et qui puisse avoir de plus funestes conséquences.

Ici, Messieurs, je dois aller au-devant d'une objection. Comment la Cour des comptes, juridiction exclusivement financière, se trouve-t-elle appelée à intervenir dans des affaires de cette nature, qui, à première vue, semblent plutôt du ressort de l'autorité administrative ou des tribunaux de droit commun ?

Quelques explications suffiront pour bien préciser le rôle qui appartient ici à la juridiction financière et pour montrer comment, dans les affaires dont nous parlons, elle a une attribution spéciale dont l'exercice se concilie avec le respect de tous les principes.

En règle générale, la Cour des comptes n'a pas de juridiction sur les ordonnateurs; elle ne juge que

les comptables. L'ordonnateur, pour tout ce qui re
garde l'administration qui lui est confiée, ne dépend
que du ministre responsable dont il exécute les ordres.
Mais cette indépendance relative ne lui est garantie
qu'à la condition qu'il ne sortira pas de la sphère ré-
servée à son action; s'il la dépasse, il rentre dans
les conditions de la loi commune.

C'est une règle de droit commun, en comptabilité,
que tout maniement de deniers publics suppose un
agent comptable légalement institué. Par une consé-
quence de ce principe, la loi a établi une séparation
absolue entre les fonctions d'ordonnateur et celles de
comptable[1]. Elle n'a pas voulu, et l'on comprend pour
quels motifs, que les fonds destinés à payer les services publics dans des limites et dans des conditions
déterminées, fussent dans les mains du fonctionnaire
qui a pour mission d'en diriger l'emploi.

Or, que fait un ordonnateur, lorsque, au moyen
de pièces fictives, il change arbitrairement la destination légale des crédits d'un budget, pour les em-

---

[1] L'ordonnance du 14 septembre 1822, article 17, en déclarant
les fonctions d'administrateur et d'ordonnateur incompatibles avec
celles de comptable, a fait disparaître une confusion que l'on avait
signalée longtemps comme l'une des principales causes des abus de
finances sous l'ancienne monarchie.

ployer lui-même à des dépenses qu'il dissimule au contrôle? Il commet un acte doublement illicite : il s'ingère dans un maniement de fonds qui lui est interdit, et il aggrave le fait de cette ingérence en le rendant occulte. Par là, il perd devant la Cour sa qualité d'ordonnateur, pour en devenir le justiciable au même titre que le serait un comptable réel.

L'ordonnateur, devenu comptable occulte et justiciable des tribunaux financiers échappe-t-il, pour la responsabilité de ses actes, à l'autorité administrative et aux tribunaux de droit commun? Nullement, Messieurs; l'Administration supérieure reste maîtresse d'appliquer à son délégué les peines administratives qu'il aura pu mériter. Quant à l'action pénale, elle pourra toujours s'exercer indépendamment de l'action financière. La juridiction financière n'intervient ici qu'en laissant les autres intactes[1]. Pour elle, nous le répétons, l'ordonnateur

---

[1] Il peut arriver qu'un comptable irrégulier se trouve déféré en même temps à la juridiction criminelle et à la juridiction financière, la première devant statuer sur la criminalité des faits, la seconde sur la valeur des justifications produites au point de vue des règlements de comptabilité. En principe, les deux actions peuvent indifféremment se précéder ou se suivre. Nous croyons toutefois qu'il convient d'appliquer ici la règle d'après laquelle *le criminel tient le civil en état*. Si, en effet. l'accusé est détenu, il faut qu'une solu-

a disparu : elle ne juge dans l'ordonnateur que le comptable.

Mais, dira-t-on encore, la juridiction financière, en statuant sur une comptabilité occulte, ne peut-elle pas y rencontrer des faits qui échappent à son appréciation ? Une cour des comptes, un conseil de préfecture pourront-ils valablement juger du mérite

tion intervienne sans retard devant la justice criminelle. Si, d'autre part, elle décide que les faits poursuivis constituent un dol ou un détournement frauduleux de deniers publics, la juridiction financière n'intervient plus, sauf dans le cas où la personne en cause est un comptable officiel (voir page 19, en note).

Il est évident d'ailleurs qu'après avoir été acquitté par les tribunaux de droit commun, un comptable occulte peut être repris par la juridiction financière pour justifier l'emploi des deniers publics qu'il a maniés. Bien que n'étant pas délictueuses, ses opérations n'en constituent pas moins une infraction aux règles de comptabilité.

En pareil cas, il est d'usage que la juridiction qui statue la dernière mette à profit l'instruction qui a eu lieu devant les autres tribunaux. C'est ainsi que la Cour des comptes a plusieurs fois demandé communication de procédures criminelles où elle a puisé d'utiles renseignements.

Sous l'ancienne monarchie, les chambres des comptes possédaient, outre le droit de contrôle, un droit de condamnation. Elles pouvaient, en cas de faux emploi, et par suite en cas de comptabilité occulte, appliquer aux délinquants la peine du *quadruple*. Depuis la séparation absolue des pouvoirs et des juridictions, il n'en est plus de même. Mais si, dans l'exercice de son contrôle, la Cour des comptes rencontre des faux ou des concussions, elle en réfère au Ministre des finances et au Ministre de la justice, conformément à l'article 16 de la loi du 16 septembre 1807.

et de l'opportunité des opérations faites par un ordonnateur? Leur appartient-il de décider si ces opérations ont profité ou non à l'intérêt public? Que le maire d'une commune, qu'un préfet, qu'un administrateur quelconque, agissant dans des vues désintéressées, aient substitué à des dépenses ordonnées par un budget d'autres dépenses qui leur ont paru plus utiles, est-ce à la juridiction financière qu'il appartient de leur donner tort ou raison sur ce point? La question n'est-elle pas plutôt administrative ou politique que judiciaire?

Vous savez, Messieurs, comment la jurisprudence a résolu cette difficulté au moyen d'une combinaison fort sage, sur laquelle vous me permettrez d'insister.

Aux termes d'un arrêt du Conseil d'État du 18 avril 1842, dont le principe a été reproduit par l'article 812 de l'instruction générale du 20 juin 1859, les dépenses portées dans le compte de la gestion occulte doivent, avant la présentation du compte à la juridiction compétente, avoir été admises, sur l'avis du conseil municipal, par un arrêté du préfet, comme ayant été faites dans un véritable intérêt communal. L'application du principe a été étendue par analogie aux comptabilités oc-

cultes de fonds départementaux : avant d'être exa
minées par la Cour, elles sont soumises, quant à
l'utilité des dépenses, à l'appréciation du conseil
général [1], suivie d'une décision du Ministre de l'intérieur; et rien ne s'opposerait théoriquement à ce
que le même principe fût appliqué aux comptabilités occultes qui concernent les fonds de l'État, c'est-
à-dire à ce que le pouvoir législatif fût consulté, si
la gravité des circonstances rendait son intervention
nécessaire.

Ainsi, par ces mesures préliminaires qui doivent
précéder, à peine de nullité, tout jugement de
comptabilité occulte, se trouvent soigneusement
écartées toutes causes de conflit entre des pouvoirs
dont l'action ne peut être garantie qu'en les maintenant dans la sphère de leurs attributions respec-
tives. Il était essentiel, avant tout, de faire observer
le principe qui veut qu'aucune dépense ne soit ad-
mise dans un compte, si elle n'a été l'objet d'un
crédit régulièrement ouvert. L'autorité qui ouvre

---

[1] Il n'est pas inutile de rappeler à ce sujet que les délibérations
sur les comptabilités occultes doivent être rédigées en termes nets
et décisifs qui expriment d'une manière certaine la volonté des conseils électifs.

les crédits a seule le droit d'en déterminer l'emploi.
Or, c'est le fait d'une comptabilité occulte de porter
atteinte à ce principe en modifiant arbitrairement
la destination légale des crédits d'un budget. Il faut
donc que le préjudice causé au principe soit au
plus tôt réparé, et c'est pour arriver à ce résultat
que la juridiction appelée à juger un comptable
occulte doit le renvoyer devant l'autorité dont il a
méconnu les droits ou transgressé les ordres, afin
qu'il obtienne d'elle, s'il y a droit, une sorte d'ab-
solution qu'elle seule peut lui donner.

Si le conseil électif de la commune ou du dépar-
tement refuse de ratifier les dépenses faites sans son
aveu, le comptable occulte en demeurera chargé[1];
le juge le déclarera débiteur. Si au contraire les
dépenses du comptable occulte, ou plutôt les dépenses affirmées par lui dans le compte qu'il présente à la justice financière, sont préalablement

---

[1] Il y a toutefois une distinction à faire. Si le compte de gestion
occulte porte une dépense *obligatoire* sur laquelle le conseil refuse
de statuer ou qu'il rejette à tort, l'autorité administrative peut la
rétablir. Mais s'il s'agit d'une dépense *facultative*, la décision du
conseil prévaut, et le juge du compte doit rejeter la dépense. C'est
là, on le conçoit, un des graves dangers de la comptabilité irrégulière.

admises par l'autorité budgétaire comme n'ayant
pas été contraires au bien du service, le juge devra
les considérer comme telles. Il n'aura pas à les dis-
cuter, moins encore à les approuver ou à les blâ-
mer. Elles seront pour lui comme si elles avaient
été inscrites dans un budget régulier. Il lui restera
seulement à examiner, chose importante, si les dépenses décrites au compte ont été réellement faites,
si les pièces produites s'accordent avec les déclarations du comptable, si ces pièces sont en bonne
forme, si même il y a des pièces; en un mot, il
aura à vérifier le compte, et quiconque a vérifié
un compte de gestion occulte peut dire ce qu'un
tel travail exige souvent d'études réfléchies et de
recherches opiniâtres.

Mais je n'ai pas à vous parler des difficultés de
ce travail. Elles ne vous sont déjà que trop connues.
Quant aux procédés à suivre pour le faire selon les
règles, il me suffira de rappeler à MM. les conseillers référendaires et à MM. les auditeurs qu'ils
trouveront dans les excellents rapports de plusieurs
de leurs collègues des modèles de discussion. Les
notes de la Première Présidence, toujours si claires
et si méthodiques, leur offrent un commentaire

raisonné de la législation sur les comptabilités occultes ; et la lecture attentive des arrêts leur four-
nira, sur une foule de questions souvent embarras-
santes, des solutions précises qui forment aujourd'hui
jurisprudence.

J'aurais voulu, Messieurs, pouvoir étudier devant
vous et en détail cette jurisprudence, que nous
aurions pu croire perdue, il y a sept ans, dans l'in-
cendie de nos archives, et qui s'est en quelque
sorte reconstituée si rapidement, grâce au zèle et à
l'expérience des magistrats. Je dois me borner, pour
le moment, aux réflexions sommaires que vous venez
d'entendre, et qui ne touchent qu'à des points généraux. L'étude des questions de détail pourra venir
après.

Toutefois, avant de terminer, je ne veux pas
quitter ce sujet sans parler d'une décision de principe assez récente, qui me paraît appelée à exercer
une influence des plus salutaires sur l'action du
contrôle en matière de comptabilité occulte.

Il est assez rare qu'une gestion occulte d'une
certaine étendue, surtout lorsqu'elle se constitue au
moyen de pièces fictives, soit l'œuvre d'une volonté
individuelle et isolée. Ce n'est pas un ordonnateur,

par exemple, qui pourra à la fois faire des mandats fictifs et les acquitter, ordonnancer des dépenses irrégulières et fabriquer lui-même les documents justificatifs dont la production est nécessaire pour ouvrir la caisse du payeur. Il lui faut la coopération de diverses personnes, chefs de service, employés, fournisseurs ou autres, plus ou moins complaisantes ou plus ou moins intéressées au succès de ses manœuvres. Quelle sera, en pareil cas, la part des responsabilités? La loi a-t-elle entendu désigner comme comptable occulte celui-là seul qui a tenu ou fait tenir sous ses ordres une caisse secrète dont il s'est réservé d'administrer les fonds? Mais ceux qui l'ont aidé dans cette opération illicite, qui lui ont procuré les faux mémoires, les fausses quittances, qui ont couvert sa fraude par des attestations mensongères, ceux qui ont supposé des créanciers imaginaires pour des fournitures ou des travaux qui n'ont jamais été exécutés, ceux enfin sans le concours desquels la gestion occulte n'aurait pu exister, ne devront-ils pas répondre, au moins pécuniairement, du dommage matériel qu'ils ont causé? N'est-ce pas, en réalité, s'ingérer dans une gestion irrégulière de deniers publics, que d'y participer sciemment et de faire tous les actes nécessaires pour en assurer les résultats? Votre jurisprudence l'a décidé ainsi, Messieurs : elle a considéré comme *coauteurs* d'une gestion occulte tous ceux qui s'y sont associés par des actes sans lesquels cette gestion n'aurait pas pu avoir lieu, et elle inflige à cette association coupable une responsabilité commune qui peut même devenir solidaire, si la nature des faits rend la responsabilité indivisible. Il serait superflu d'insister sur la portée de cette solution et d'en faire ressortir les avantages au point de vue du contrôle. La principale garantie du contrôle repose sur la sincérité des documents qui lui sont produits ; aucun moyen légal ne saurait être négligé pour que cette sincérité ne puisse être suspectée dans aucun cas [1].

Je ne prolongerai pas ces réflexions, Messieurs. J'ai voulu définir un genre d'irrégularités financières

---

[1] Parmi les prescriptions réglementaires qui peuvent empêcher l'abus des mandats fictifs, il en est une dont on ne saurait trop recommander l'application. Aux termes de l'article 10 du décret du 31 mai 1862 et de l'article 661 de l'instruction générale de 1859, aucun payement ne peut être effectué qu'entre les mains des véritables créanciers ou de leurs ayants cause justifiant de leurs droits. C'est aux comptables qu'il appartient, pour dégager leur propre responsabilité, de suivre fidèlement cette prescription.

dont le vrai caractère est peu connu, et sur la gravité desquelles on pourrait se méprendre, si l'on ne
faisait entre elles des distinctions essentielles. En
signalant l'abus des caisses occultes, j'ai dit qu'il
était exceptionnel, et j'ai essayé de montrer que la
société était suffisamment armée pour le combattre.
Une législation sévère, dont les principes puisent
tous les jours de nouvelles forces dans les décisions
d'une magistrature indépendante; des règles de
comptabilité d'une prévoyance rigoureuse, qui obli-
gent le désordre à employer le mensonge ou même
le faux pour se dissimuler; un corps d'inspecteurs
des finances qui voient pour ainsi dire les actes
s'accomplir sous leurs yeux, qui vérifient les faits
sur place et en rendent compte, sorte de commission d'enquête mobile et permanente dont les révé-
lations doivent arriver à la Cour des comptes ou aux
conseils de préfecture par l'entremise d'une administration responsable : ce sont là, Messieurs, des
garanties sérieuses contre les comptabilités occultes,
et qui peuvent rassurer le pays sur le bon emploi
des deniers publics.

Nous aurons peu de mots à dire aujourd'hui,

Messieurs, sur la situation actuelle des travaux de
la Cour.

Vous avez prononcé le 16 août dernier votre déclaration générale sur les comptes du Trésor pour
l'année 1873. Vous avez maintenant à statuer sur
l'exercice 1873, dont les opérations ont été closes
en 1874. Les derniers comptes de cette période
financière seront bientôt jugés, et vous êtes en pos-
session de tous les résumés administratifs sur lesquels
votre déclaration doit s'appuyer. Plusieurs comptes
ministériels manquent encore : nous avons l'assu-
rance qu'ils vous seront adressés prochainement.

En prononçant vers la fin de décembre sa déclaration sur l'exercice 1873, la Cour ne serait plus en
retard que d'environ deux ans sur le délai fixé par
le décret du 31 mai 1862 pour l'accomplissement
de ceux de ses actes dont la remise aux Chambres
législatives doit avoir lieu, en exécution de l'arrêté
de 1848[1], avant la discussion du règlement définitif
des budgets.

---

[1] D'après l'arrêté du Chef du Pouvoir exécutif du 21 novembre
1848, la déclaration générale de la Cour des comptes sur l'exercice
expiré doit être adressée au pouvoir législatif avant qu'il ait statué
sur le projet de loi de règlement.

Ainsi disparaîtront peu à peu, grâce à la persé-
vérance de vos efforts et au concours de l'Administration des finances, les difficultés sans nombre
qu'une époque désastreuse vous a léguées. Chaque
jour qui nous éloigne des événements de 1870 et
de 1871 efface les traces qu'ils ont laissées dans la
comptabilité publique et nous rapproche du moment
où votre juridiction, délivrée d'un arriéré qui pèse
principalement sur les comptes du Trésor, pourra
enfin rentrer dans sa voie normale et accomplir
régulièrement, aux époques fixées, les divers actes
où viennent se résumer tous ses contrôles.

En dehors des opérations du Trésor, la situation
des nombreuses comptabilités dont l'examen vous
est soumis n'offre rien de particulier qui doive appe-
ler aujourd'hui votre attention. Un état résumé de
cette situation sera adressé par nous à M. le Ministre
des finances.

Il me reste, Messieurs, à remplir ici un pieux
devoir.

L'année judiciaire qui vient de s'écouler a laissé
de nouveaux vides dans les rangs de votre compa-
gnie.

La première classe des conseillers référendaires a perdu dans M. le conseiller Doyen l'un de ses membres les plus considérés et les plus dignes de l'être. Prononcer le nom de M. Doyen, c'est réveiller les regrets unanimes qu'a causés une mort si prématurée et si subite. Chacun de vous se rappelle les qualités sérieuses du magistrat, la droiture de son caractère, et cette aménité constante qui lui attirait toutes les sympathies.

L'honorariat, où nous retrouvons encore, grâce à Dieu, tant de noms estimés parmi nous, quelques-uns même des plus éminents, qui se rappellent à nos respects par l'éclat de leurs services, l'honorariat a perdu récemment M. le marquis de Guerny, sorti de la Cour en 1862 conseiller référendaire de première classe et chevalier de la Légion d'honneur. M. de Guerny, comme plusieurs encore d'entre vous, avait débuté par l'aspirance. Nommé conseiller référendaire en 1826, il a rempli à la Cour pendant trente-six ans le rôle d'un magistrat laborieux, scrupuleusement attaché à tous ses devoirs.

M. du Sommerard, conseiller maître, nous a été enlevé il y a peu de jours, après une longue maladie qui avait altéré sensiblement ses forces, sans cependant priver entièrement la Cour de ses services. Si, depuis plusieurs années, le travail journalier qu'exige l'examen des rapports lui était devenu trop pénible, sa grande expérience des affaires administratives, ses connaissances pratiques, la sagacité naturelle de son esprit, toujours prompt à saisir les difficultés comme à les résoudre, nous étaient d'un secours précieux dans les délibérations.

La carrière de M. du Sommerard a été surtout administrative. Bien jeune encore, il était admis à travailler auprès des chefs de la comptabilité générale des finances. Il montrait déjà une aptitude remarquable à rédiger d'une manière claire et précise ces documents si instructifs, que le public naturellement lit peu, mais dont l'utilité lui profite. Les talents de M. du Sommerard furent appréciés par M. Lacave-Laplagne, ministre des finances de 1842 à 1847, qui le chargea des études préparatoires de diverses questions financières soulevées par l'établissement des chemins de fer et par le développement des grands travaux publics.

De 1842 à 1863, M. du Sommerard a été le principal rédacteur des budgets et des lois de crédits supplémentaires. Il a rédigé le compte général de l'Administration des finances, dont il a considérablement amélioré la forme. Enfin, il a été l'un des membres les plus autorisés de la commission instituée pour la révision de notre code financier, devenu le décret du 31 mai 1862. La carrière administrative de M. du Sommerard l'avait donc on ne peut mieux préparé à remplir un rôle des plus utiles dans la maîtrise. Aussi a-t-il rendu à la Cour des services dont elle gardera le souvenir; il lui en aurait rendu de plus grands, sans les souffrances qui ont malheureusement abrégé sa vie.

Après le discours de M. le Procureur général, M. le Premier Président ordonne, au nom de la Cour, que l'état des travaux des mois de juillet, août, septembre et octobre 1877 sera transmis au Garde des sceaux, Ministre de la justice, pour être par lui porté à la connaissance du Président de la République.

La séance est ensuite levée.